Les fonctionnaires en folie

Ouvrages de Jérôme Duhamel

Dictionnaire inattendu de Dieu, *Albin Michel*
(en collaboration avec Jean Mouttapa)
Grand Inventaire du Génie français en 365 objets, *Albin Michel*
Vous, les Français, *Albin Michel*
Cette mâle assurance, *Albin Michel*
(en collaboration avec Benoîte Groult)
Grand Inventaire de la Vraie Cuisine française, *Albin Michel*
(en collaboration avec Michel Oliver)
Le Mémorial du Québec, *Éditions du Mémorial* (Montréal)
Le Mémorial martiniquais, *Éditions du Mémorial* (Fort-de-France)

Les Perles des Fonctionnaires, *Albin Michel, J'ai Lu*
Le Gros Dico de Vrai-Faux, *Albin Michel, Le Livre de poche*
Jacques a dit…, *Albin Michel*
La Fête des Perles, *Albin Michel, J'ai Lu*
Le Grand Méchant Bêtisier 1999, *Albin Michel*
Le Grand Méchant Bêtisier 1998, *Albin Michel*
Le Grand Méchant Bêtisier 1997, *Albin Michel*
Le Grand Méchant Bêtisier 1996, *Lattès-Albin Michel*
Le Grand Méchant Bêtisier 1995, *Lattès*
Le Grand Méchant Bêtisier 1994, *Albin Michel*
Le Grand Méchant Bêtisier 1993, *Albin Michel*
Le Grand Méchant Bêtisier 1992, *Albin Michel, Le Livre de poche*
Lettre à Coluche, *Lattès*
Le Bêtisier du XXe siècle, *Lattès, Le Livre de poche*
Le Grand Méchant Dictionnaire, *Robert Laffont*
Sandwich à la folie, *Flammarion*
Dictionnaire de la politique et des politiciens, *Belfond-Acropole*
Encyclopédie de la méchanceté et de la bêtise, *Belfond-Acropole*

EN COLLABORATION AVEC WOLINSKI :
100 % Français, *Belfond*
Vos gueules, les femmes !, *Albin Michel, J'ai Lu*
Passeport pour l'amour, *Belfond*
Les Socialos, *Albin Michel*
Le Bal des ringards, *Albin Michel*

EN COLLABORATION AVEC PHILIPPE VANDEL :
Le Grand Bazar du pire et du n'importe quoi, *Albin Michel, Le Livre de poche*

EN COLLABORATION AVEC CABU :
Les Interdits de Cabu, *Albin Michel, Points Actuel / Le Seuil*
Les Abrutis sont parmi nous, *Albin Michel, Points Actuel / Le Seuil*
Secrets d'État, *Albin Michel*
Tonton Ier, roi de France, *Belfond*

EN COLLABORATION AVEC JACQUES FAIZANT ET WOLINSKI :
Tous Présidents !, *Denoël*

JÉRÔME DUHAMEL

Les fonctionnaires en folie

ALBIN MICHEL

22, rue Huyghens, 75014 Paris

ISBN : 2-226-10674-X

SOMMAIRE

Avertissement **9**

1 La Gendarmerie **11**

2 Les Ministères **25**

3 La S.N.C.F. **37**

4 Hôpitaux, médecins et infirmières **47**

5 L'A.N.P.E. et les Assedic **69**

6 Les Enseignants et l'Éducation nationale **79**

7 L'Armée et les militaires **97**

8 Trésor public, impôts et percepteurs **105**

9 La R.A.T.P. et les transports publics **119**

10 Sécurité sociale et Allocations familiales **127**

11 La Justice **141**

12 La Police **153**

13 E.D.F. et G.D.F. **171**

14 La Poste et France Telecom **179**

15 Nos Maires et nos élus locaux **193**

AVERTISSEMENT

Reconnaissons-le : s'il y a des Français qui savent faire parler d'eux, beaucoup, énormément même — et sans arrêt —, ce sont bien nos amis les fonctionnaires ! Toujours sur la sellette, du 1er janvier au 31 décembre, ils se sont installés depuis des décennies sur le devant de la scène sociale et ne parviennent guère, malgré leurs efforts, à se faire oublier un peu... Car ils sont les boucs émissaires idéaux de cette interminable période de crise et cristallisent sur eux toute l'agressivité du Français râleur, pinailleur et, bien sûr, foncièrement jaloux : trop nombreux, trop absents, trop protégés, trop chers, trop en grève, trop ronchons, trop malades, trop tâtillons, trop syndiqués, trop en vacances...

Bref, TROP TOUT, nos quelque six millions de têtes de Turcs !

Vrai ou faux ? La question en elle-même est ridicule : pas plus vrai que chez les autres salariés de France et de Navarre. Mais pas plus faux non plus. Pas davantage de tire-au-flanc ou de canards boîteux dans la fonction publique que dans le privé ! Pas plus d'incompétents ou de grincheux ici qu'ailleurs ! Et les quelques privilèges exhumés pour servir d'actes d'accusation ne sont souvent que justes compensations à la difficulté matérielle ou psychologique de certaines tâches.

Oh, bien sûr, on pourrait ironiser à l'infini sur ce qui relève de l'anecdote : ces inspecteurs des impôts qui ont droit à une prime de 37,50 F par mois pour leurs frais... de crayons ; ou ces agents hospitaliers qui, eux, bénéficient d'une prime de 213,05 F par an pour... l'usure de leurs chaussures. Mais chacun en est conscient : il ne s'agit là que de l'expression la plus pure et la plus élevée de ce « génie français » que le monde entier nous envie. *The french touch...*

Le but de ce livre n'est bien évidemment pas de prendre un quelconque parti. Laissons cette besogne aux médias qui savent en faire leurs choux gras, de débats télévisés en gros titres de journaux, de rapports ministériels contradictoires en livres à scandale.

Les 208 pages de ce livre, bien au contraire, ne proposent pas autre chose que de réconcilier l'administré avec son administration. Rude tâche, peut-être, mais nécessaire et salutaire. Et si réconciliation il doit y avoir, celle-ci se fera par l'humour. A-t-on jamais trouvé meilleure thérapeutique que le rire (quand il n'est pas grinçant) pour désamorcer un conflit ? Connaît-on meilleur remède que l'ironie (quand elle n'est pas amère) pour apprendre à se juger soi-même avant de vouloir juger les autres ? Existe-t-il mieux que la bonne humeur pour ressouder une famille qui se chamaille ?

L'auteur a donné pour titre à ce livre « Les fonctionnaires en folie »... Qu'on ne s'y trompe pas : dans les dictionnaires qu'il consulte, ce n'est pas la définition première du mot *folie* qu'il a choisi de retenir (« Trouble mental, dérèglement, égarement de l'esprit »), mais naturellement les suivantes : « Absurdité, bizarrerie, extravagance, lubies, fredaines, action ou parole gaie, insouciante »... On se retrouve donc là dans le domaine du clin d'œil et non plus de la maladie mentale. Voilà qui change tout.

Les mille « perles » recueillies pour tresser ce collier sont bien évidemment toutes véridiques. Quel intérêt présenterait ce livre s'il n'en était pas ainsi ? De mauvaises langues (j'entends par là « des amis bien intentionnés ») se sont essayées à m'en proposer quelques-unes de leur cru, histoire de me prouver qu'il était facile, en ce domaine, d'inventer ou de truquer : ils ont finalement dû reconnaître que leurs « fausses » petites phrases n'arrivaient pas à la cheville des vraies ! On le sait, la réalité dépassera toujours la fiction...

J'ai employé plus haut l'expression « l'auteur de ce livre » : je l'avoue, il s'agit là d'une scandaleuse escroquerie... Le soi-disant auteur de ces pages n'est qu'un coucou qui fait son nid dans celui des autres puisqu'il n'en a pas écrit, en dehors de la préface que vous êtes en train de lire, une seule ligne ! Collectionneur passionné, il n'a fait que récolter et sélectionner ce que les fonctionnaires eux-mêmes ont eu l'intelligence de lui offrir. Intelligence, oui, car il en faut pour accepter de se moquer de soi-même en jetant en pâture les mille et une âneries que l'on peut écrire ou proférer — bien involontairement — dans le cadre de son travail ou de ses missions.

Grâces soient donc rendues à toutes celles et ceux, fonctionnaires ou assimilés, qui m'ont aidé, sans réticence et le sourire en coin, à organiser ce grand festival de l'incohérence.

Jérôme Duhamel

CHAPITRE 1

La Gendarmerie

Ivre au milieu de la rue principale du village, l'homme nous a traités de « sales flics », ignorant que nous étions des gendarmes.

La femme essayait de cacher son identité derrière ses larmes…

Sous couvert d'anonymat, tous ses crimes étaient signés.

La pauvre femme fut hospitalisée après avoir reçu les injures nécessaires.

La gendarmerie n'étant pas encore un hôpital psychiatrique, nous avons dû renvoyer le malade chez lui.

Les deux trous de balle étaient parfaitement groupés ensemble…

Son crâne défoncé parlait pour elle…

Personne n'ayant donné les ordres nécessaires, il n'était pas difficile d'y obéir.

N'ayant pas pu abuser de la jeune femme, il la viola sauvagement.

Les recherches ont permis de retrouver rapidement les 5 cadavres des 2 disparus.

Le manouche habitait une caravane tirée par sa femme...

Il était cloué sur son lit d'hôpital par deux coups de couteau aux bras.

Soudain, la voiture recula pour mieux avancer...

L'infraction fut constatée par la brigade deux jours avant qu'elle ait lieu.

Le marteau utilisé était en bois sauf qu'il était en fer.

Nous avons été obligé de constater le décès avant que le mort nous décrive son agresseur.

Sa tête étant fêlée, son sang coulait sur lui en vagues gigantesques...

Le mur avançait à grands pas vers le véhicule...

La disparition de l'enfant a été signalée par ses parents dès son retour.

Aveugle de naissance, la femme n'avait rien vu venir...

Pour sortir, il est clair que l'homme avait d'abord dû entrer...

La chasse étant fermée à cette époque, il l'ouvrit lui-même tout seul.

L'homme était assez lucide pour constater qu'il n'avait plus toute sa lucidité.

L'individu a réussi à sortir de ses menottes par la porte de derrière.

Avec un taux d'alcool de 3,2 g, le sang de l'homme était comme une bouteille.

Bizarrement, la collision entre les deux véhicules avait bien eu lieu au même endroit, ce qui attira notre attention.

Le conflit entre la police et la gendarmerie étant ce qu'il est, l'enquête ne put aboutir.

Le motif du vol était le meurtre...

La carrosserie était toute maculée de superbes rayures qui la rendaient pas belle à voir.

Jusqu'au bout, l'homme répondit aimablement à toutes nos questions par un grand silence.

Le forcené épaula son fusil de chasse et tua les pneus de la voiture à coups de chevrotine.

Le vélo déambulait seul avec une alcoolémie non autorisée.

Le grave préjudice subi par le conducteur avait été estimé à : 0 franc.

C'est en urinant que l'homme se blessa aux yeux.

Le fusil à pompe était muni de quatre pneus lisses...

Elle avait réussi à prouver qu'elle n'avait pas pu tuer son amant en se tuant juste avant lui.

La gendarmerie étant fermée le dimanche, le meurtre dut attendre le lundi pour venir tout avouer.

N'ayant pas été reconnu coupable de cette agression, le suspect a été gardé en détention jusqu'à ce qu'il avoue son agression.

Comme d'habitude, le chien avait sauté sa maîtresse avant de divaguer.

Le susnommé refusa catégoriquement de nous dire son nom.

Âgé de 92 ans, l'homme avait encore l'air d'un jeune adolescent...

Il rédigea lui-même par écrit son témoignage oral.

Force a été de constater que le concubin de la femme était bien son mari...

Ayant perdu les deux bras, le conducteur faisait de grands signes pour attirer l'attention des autres automobilistes.

Il habitait en chair et en os à son domicile.

Sans se démonter, l'homme démonta l'arme devant nous.

Il s'était servi du cric de sa voiture pour lui donner gentiment plusieurs coups à la tête.

Elle prétendait être encore vierge mais son casier judiciaire disait le contraire puisqu'elle prostituait.

Le S.d.f. fut incapable de nous donner une adresse valable.

La neige s'était mise à tomber pour essayer de cacher l'objet du délit.

Bien que nous étions 5 à ceinturer l'homme, celui-ci réussit à s'enfuir sans difficulté.

Sans aucune preuve matérielle valable, nous avons eu le regret de devoir le relâcher vers de nouveaux délits.

Le complice des deux voleurs était sans doute le troisième…

Il avait le tort de n'être pas de nationalité française…

S'il avait encore eu sa tête, il n'aurait eu aucun mal à décliner son identité.

Il quitta la gendarmerie avec l'air innocent de quelqu'un qui n'a pas la conscience tranquille.

Personne ne connaît l'identité de la victime qui vivait depuis près de dix ans dans le village et se nomme Jean-Pierre Pelprat.

Les chaussures de l'accidenté étaient aussi bien habillées que lui.

Le logement de fonction du gendarme était trop exigu pour être habité…

Malgré ses 4 frères et sœurs, le jeune homme était fils unique.

N'écoutant que son courage, la brigade fut obligée de battre en retraite.

L'homme s'était donc noyé par pendaison...

La pièce d'identité présentée par l'homme prouvait sans aucun doute qu'il était coupable.

Le corps fut retrouvé dans le congélateur encore chaud.

Toutes les entrées de la femme étant verrouillées, les deux cambrioleurs la pénétrèrent par le toit.

Contrairement à ce qu'il prétend, nous n'avons jamais abusé de violences sur l'homme, puisque quelques claques n'ont jamais été des violences chez un délinquant...

Trop sourd pour nous entendre, l'homme avait fini par devenir aveugle.

L'accident qui avait provoqué sa mort était bien un accident mortel.

C'est en voulant sortir ses papiers que l'homme se rendit compte qu'il était bien mort.

Ouvrant le coffre du véhicule, nous y avons trouvé uniquement du vide...

L'homme s'était terré comme un vulgaire lapin...

Le militaire appréhendé était en fait curé d'une paroisse de la région.

Ne s'étant pas arrêtée au stop, la voiture accéléra brusquement au moment du freinage.

Les trois balles étaient groupées dans l'œil gauche qui semblait ne plus bien voir...

Dès l'ouverture du magasin, les portes avaient été solidement verrouillées.

S'il n'avait pas obtempéré immédiatement, l'homme n'aurait sans doute pas obtempéré.

Le récidiviste n'avait jamais rien eu à se reprocher...

Nous avons enregistré sa plainte en sachant déjà que nous ne ferions absolument rien.

Le camion que nous avons inspecté transportait 30 porcs munis de leurs femmes.

Le cambrioleur portait sur son visage sournois les traces de sa culpabilité.

De deux choses l'une, c'était soit notre version, soit la sienne, mais c'était la nôtre bien sûr.

Le coupable proclamait son innocence que comme tous les menteurs du monde.

L'homme n'avait rien voulu nous avouer, si ce n'est deux ou trois petits crimes sans importance.

Raide mort, nous l'avons quand même eu vivant…

Le mari semblait plus honnête de 50 % que sa femme…

Les deux voyous avaient des airs d'étrangers, c'est-à-dire de coupables.

CHAPITRE 2

Du côté des ministères

Nos services ont décidé de ne pas donner une suite favorable à votre demande qui est donc acceptée.

Ce prélèvement obligatoire reste néanmoins falcultatif.

La privatisation de ces services n'est pas à l'ordre du jour et est fixée au début de l'année.

A l'urbanisme, M. BENNE succède à M. POUBEL.

(Le Midi libre)

Le trop-perçu n'aura donc pas à être perçu...

Le cours de la monnaie est remonté à la baisse.

La pause-déjeuner pourra être prise dès 9 h du matin.

Une permanence devra être assurée sauf si elle ne peut pas l'être.

Le budget prévisionnel ne laissait rien prévoir...

La CGPME estime que les chefs d'entreprise de moins de dix personnes consacrent 20 % de leur temps à remplir des formulaires administratifs.

M. Jean-Marie CACHOT est nommé aumônier de la maison d'arrêt de Besançon.

Malgré son arrêt définitif, le système informatique reste performant.

La nationalité française est obligatoire pour ce poste, même si les étrangers ont le droit d'y postuler.

Les départs en retraite doivent être annoncés dès la naissance.

Le réseau de distribution a pu être amélioré grâce à quelques améliorations.

Séminaire de communication et d'expression orale : se faire inscrire auprès de Mme BÈGUE.

Pour les femmes, la profession doit être indiquée à la rubrique « sexe ».

La négociation est reportée sine die le 27 mars à 9 h.

La population est estimée à 21 000 habitants, dont 360 000 femmes.

Un comité restreint s'est tenu en présence de tous ceux qui voulaient bien y participer.

L'arrêté est annulé pour cause d'annulation.

Le public n'est pas autorisé à pénétrer dans les salles ouvertes au public.

Il est donc prévu, à cet endroit, d'agrandir le rétrécissement.

Dès que le poste sera déclaré vacant, il ne sera plus occupé...

L'indice précité à l'article 213, corrigé d'une hausse de 0,09 %, sera utilisé dans le cas d'une fluctuation inférieure à 0,07 % du taux de remise fixé à 3,6 %, compte tenu de la baisse de 0,04 % du quotient applicable sur la tranche minimale de 64 % du total des deux indices.

Le taux de 27 % sera reconductible à partir de plus tard.

Le service de la répression des fraudes pris la main dans le sac...

Le projet est de ramener la durée des concessions perpétuelles à 25 ans.

L'entrée du service des cartes grises est transférée à l'entrée.

Georges LACABANNE, ancien directeur de l'administration pénitentiaire...

La décision de fermer le site doit être prise de toute urgence dans les six mois à venir.

Après examen du dossier, une décision favorable a été prise à l'unanimité : 24 voix pour, 78 voix contre.

Les anciens combattants âgés de moins de 18 ans ne peuvent prétendre à cette prime.

Les fournitures de papeterie sont à commander auprès de M. CAHIER.

Les congés annuels doivent être pris au moment des vacances…

La réduction du temps de travail devrait avoir pour effet de l'allonger…

Merci de mettre une croix sur votre sexe.

Le permis de construire pourra sans problème être transformé en permis de démolir.

La participation à ce séminaire est strictement réservée aux participants.

Un rapport du Cesdip (Centre de recherches sociologiques sur le droit et les institutions pénales) a dévoilé que plus du tiers des amendes bénéficient de la « pratique de l'indulgence ». Qui en profite ? « Les proches des agents verbalisateurs... »

Le bilan de l'année 1998 a pu être remis à la direction régionale dès les premiers mois de 1997.

Les certificats ne sont délivrés qu'aux mineurs âgés de plus de 18 ans.

La réunion sur le travail rémunéré des inactifs a bien eu lieu hier...

Cet accident du travail a eu lieu pendant son sommeil.

M. FONCTION quittera ses fonctions dès la fin avril.

La question du travail de nuit a été mise à l'ordre du jour.

Les animaux pourront être mis en quarantaine pendant 90 jours.

L'augmentation de la baisse laisse présager quelques difficultés...

Les guichets devront impérativement être ouverts de l'heure d'ouverture à l'heure de fermeture.

Interdiction de chasser la nuit, même de jour.

Les jours fériés seront payés, sauf s'il s'agit de dimanches ou de jours fériés.

En cas de réponse favorable, indiquez « non ».

Sans réponse de votre part avant la date de clôture, nous considérerons que vous n'avez pas répondu.

Le professeur DUCIMETIÈRE est nommé vice-président du Haut comité de santé publique.

(Dépêche A.F.P.)

Aucun rationnement n'est envisagé, mais l'essence sera strictement rationnée.

L'augmentation ne devra pas dépasser le seuil prévu de 0 %.

M. LENQUÊTE est nommé commissaire-enquêteur...

La pénurie de papier a été signalée à tous les cabinets...

Les documents égarés ne doivent pas l'être pour être valables.

En cas d'arrêt-maladie, prière d'indiquer la date du décès.

M. POUBEL, délégué régional de l'Environnement...

Le plan comporte 3 sorties dont 5 entrées.

Si vous ne connaissez pas votre sexe, indiquer juste « Néant ».

Service des eaux : en cas d'urgence, s'adresser à M. SÉCHERESSE.

(La Nouvelle République)

Les heures supplémentaires ne seront pas réglées avant le 31 février.

Toute réclamation doit être adressée aux service des archives.

Il est précisé que la modification des statuts ne change strictement rien à ceux-ci.

CHAPITRE 3

La S.N.C.F.

Les horaires « Départs » sont affichés sur le tableau « Arrivées ».

La fermeture des portes automatiques est manuelle...

Le déficit structurel de certaines lignes desservant des gares peu fréquentées pèse lourdement et rend toute gestion ingérable.

L'accès aux voies est strictement interdit sauf aux trains.

Le billet aller-retour n'est pas une garantie sauf en cas de retour...

Le premier wagon était en avance sur tous les autres...

Il est interdit de laisser les toilettes se boucher avec des enfants...

Une voiture-bar vous attend dans le wagon n°4 mais n'est malheureusement pas ouverte sur cette ligne.

Le kiosque de renseignements se trouve au fond du hall à gauche (partie non ouverte au public).

Le train avait lamentablement raté la gare...

Les tarifs à la hausse sont inchangés.

Sa carte jeune était trop vieille...

Tout bagage abandonné sera considéré comme abandonné.

Voyageant sans billet, la femme fut soumise au bon plaisir du contrôleur.

Les panneaux publicitaires payants seront accordés à titre gratuit.

Il est rappelé que le kiosque à journaux n'est pas habilité à délivrer des titres de transport !

La ponctualité faisant la fierté de la SNCF, nous vous prions de bien vouloir nous excuser pour ce retard prolongé.

Le conducteur ne peut être tenu pour responsable de mauvaises conduites dans son train.

La coupure d'électricité prévue pour une heure devrait donc durer toute la journée.

Les Trains à Grande Vitesse ne pouvant circuler plus vite que les autres…

Réfugié dans les toilettes, le contrevenant prétendait une colique, histoire de ne pas nous faire rentrer dedans.

Pendant la période des vacances, les congés restent facultatifs.

Il s'est trouvé qu'au contrôle de Lyon, le train s'était arrêté à Lyon…

Un autocar attend les voyageurs désireux de prendre ce train.

A midi pile, le train fut immobilisé en pleine nuit…

Le machiniste avait complètement oublié de prendre son train avant de quitter le dépôt.

C'est au moment de la fermeture des portes que les portes se fermèrent...

Le préavis de grève est effectif dès qu'il est officiel.

La police attendait l'homme à l'arrivée du train mais elle n'était pas là.

Le port maritime est naturellement desservi par ce train.

Lancée par des gamins à partir d'un pont, la vache prit le train par l'avant...

Les wagons de 1ère classe sont désormais réservés aux fauteuils

Le contrôle des titres de transport est effectué par des contrôleurs de titres de transport.

L'accident étant inévitable, il put donc être évité de justesse.

L'usage de la carte Vermeil est prohibé aux mineurs.

Privée de chauffage, la rame s'était transformée en igloo roulant...

Le tribunal de Metz a statué qu'« il appartient à la SNCF de mettre à la disposition des usagers suffisamment de guichets pour répondre à la demande, fût-elle de dernière heure. »

L'homme se montrait très réservé sur sa prétendue réservation...

Arrivé à hauteur du quai, le train accéléra brutalement comme si la gare se refusait à lui…

Le train décolla à 21 heures précises…

Le wagon-restaurant avait été transformé en couloir-sandwich.

Les travaux barraient la route au train d'un air menaçant…

Le trafic marchandises a donc pour mission de transporter les voyageurs à bon port.

Les hauts-parleurs de la gare avaient été sectionnés au niveau de leur voix...

Composté ou pas, son billet n'avait que la valeur de sa nullité...

La réduction qu'il réclamait étant totalement injustifiée, nous avons dû la lui accorder.

Pour cause de grève, la grève est déclarée à partir de 18 h.

Le surclassement est réservé aux voyageurs qui n'ont pas la classe...

Surpris en flagrant délit, l'homme avait écrit avec un gros feutre un slogan du genre « Avec la SNCF c'est possible... » et il avait ajouté « oui, c'est possible d'être plus con qu'à la RATP »...

Les bagages bloquaient le couloir comme des barricades de mai 68…

La neige avait accompagnée les grévistes pour bloquer les voies.

Annoncé à 17 h 21, le train s'avança fièrement vers 23 h.

Il s'agissait d'un vieux T.G.V. des années 60…

L'horloge du grand hall indiquait des fantaisies incompatibles avec la réalité…

Le billet n'était même pas compoté…

CHAPITRE 4

Hôpitaux, médecins et infirmières

Les boîtes de suppositoires doivent être vides avant d'être administrées aux malades.

Dès son admission aux urgences, le malade quitta l'hôpital.

En une nuit, la tête du patient avait gonflé du genou gauche jusqu'au talon.

Sa surdité l'empêchait de lire et d'écrire...

La douleur survient le plus souvent quand le malade a mal.

Unijambiste de naissance, son bras était coupé à la hauteur du coude.

Traumatisme sans réelle gravité puisque le malade n'est mort que le lendemain...

Ses doigts présentent des signes évidents de dérèglement mental.

Deux points de suture dans l'oeil n'avaient pas amélioré son état.

La seringue s'était malheureusement cassée avant d'être avalée par le malade.

La femme n'arrivait à marcher qu'en position allongée...

Allongé sur le billard, le patient expliquait l'opération au chirurgien qui allait l'opérer.

La vasectomie avait eu pour résultat de le mettre au chômage.

L'écoulement sanguin est devenu si important que l'infirmière des urgences a dû éponger le malade elle-même.

Le médecin de garde avait bien tenté de le réanimer, mais sans aucune conviction, ce qui entraîna la mort.

La prothèse du bras s'est détachée et lui a cassé le pied en tombant.

Les dents avaient décidé de quitter la gencive...

Sur la jambre droite, on notera une plaie au pied gauche.

Suite à un accident de voiture, l'homme était handicapé moteur.

... sans oublier un traumatisme aux trois genoux.

Le personnel de nettoyage et d'entretien n'avait pas épargné le malade qui baignait dans l'eau de Javel.

Les croûtes ont été conservées pour un usage ultérieur.

Il lui manquait deux doigts aux genoux...

Le ventre était si gonflé qu'il fallut faire appel au médecin de l'unité psychiatrique.

A peine sorti de la salle d'opération où le chirurgien venait d'effectuer un triple pontage coronarien, l'homme avait fumé sa première cigarette.

L'autopsie fut pratiquée de son vivant...

Les horaires des infirmières ont été modifiés de façon à ce qu'elles ne soient pas en service pendant leurs jours de repos.

Il n'arrivait pas à pisser sans uriner...

L'hôpital ne peut être tenu pour responsable des morts qu'il organise...

L'obésité avait gagné les dents de devant...

Le kinésithérapeute n'arrivait pas à lui faire faire les exercices, il fallut donc le clouer solidement sur son lit.

Ses varices menaçant dangereusement sa santé, elle mourut d'une embolie pulmonaire.

Le brûlé s'est éteint tranquillement vers 23 heures.

Depuis des années, l'homme se contentait de vivre dans sa luxure.

A son arrivée aux urgences, ses testicules avaient fondu…

Il était brûlé au deuxième degré malgré le froid…

Visible à l'œil nu, l'hémorragie interne était absolument invisible.

L'infirmière de garde n'étant pas de garde ce jour-là, il fallut faire appel à l'infirmière de garde.

Les hémorroïdes avaient rapidement gagné la tête…

Elle ne sortit du coma que pour avoir le temps de se voir mourir.

Son pied avait tellement enflé qu'il ne pouvait plus tourner la tête de droite à gauche.

Étant déjà miope, voilà qu'elle devient maintenant pressebite...

Le cancer généralisé diagnostiqué par le médecin traitant n'était en fait qu'un rhume bénin.

Les anti-coagulants avaient tout coagulé...

Les visites aux malades ne sont autorisées qu'en dehors des heures de maladie.

Dans ce cas précis, l'ophtalmo s'est mis le doigt dans l'œil...

Les examens de sang se sont révélés parfaitement normaux sauf en ce qui concerne le sida.

La douleur devint si violente que le malade put quitter l'hôpital immédiatement.

Son état de santé très précaire l'empêchait d'être malade…

La perfusion lui traversa la veine comme une fusée…

On aurait dit que les ligaments du genou l'empêchaient de parler…

Une bonne nuit blanche lui avait permis de retrouver des forces.

L'aiguille s'étant décrochée du bras, le sérum physiologique avait commencé à remplir la chambre.

Trop affaiblie, la patiente n'avait même pas la force d'avaler les vitamines prescrites.

Ménopausée dès la puberté, la jeune femme n'avait jamais eu de règles.

La gorge était rouge clair comme du blanc...

Le médecin procéda à un massage cardiaque rendu très périlleux par l'énorme volume des seins de la femme.

Une fois débarrassé de son poumon, l'homme put respirer un peu...

Un glaire passa de son visage à ses mains...

Il mourut paisiblement dans des douleurs atroces.

Sous l'effet du choc, son derrière s'était mis devant !

L'infirmière s'était endormie dans le lit du malade...

Sa gorge était bouchée par ses poumons...

Âgée de 82 ans et complètement aveugle, elle ne pouvait même plus écouter la radio.

L'électrocardiogramme était normal comme chez tous les cardiaques.

Le rappel anti-tétanos n'est pas obligatoire en cas de décès.

La femme s'était fait enfiler le col de l'utérus par surprise...

La perte totale des cheveux n'implique pas la calvitie.

Tout finit donc pour le mieux par le décès du patient...

Son foie semblait réduit à de la bouillie pour chats...

L'anesthésiste s'était endormi dans son bureau et personne n'a réussi à le réveiller.

La préparation à l'accouchement sans douleur aura lieu en salle 12 (couloir direction la morgue).

Le malade était mort dans la nuit dans le but évident de ne pas se réveiller.

Le malade s'étant plaint de la qualité de la nourriture, il fut mis à la diète.

C'est en sortant de l'hôpital après sa guérison qu'il se fractura les deux jambes en glissant sur la neige.

Un coton-tige était resté coincé dans le lobe de sa jambe gauche.

L'homme s'amusait avec son organe sans savoir qu'il était contaminé.

Son mari l'avait empoisonnée toute sa vie jusqu'à réussir à l'empoisonner.

Le malade étant aujourd'hui parfaitement remis, il faudra procéder à son amputation.

L'homme était alors en traitement pour une cirrhose du cœur...

Pour uriner, il était obligé d'avoir recours aux personnes qui voulaient bien se servir de son sexe.

Bercé par la sirène de l'ambulance, il s'était endormi...

Le vagin de la jeune fille n'avait plus forme humaine...

La langue avait été sectionnée au ras des testicules...

La plante des pieds était couverte de verrues grosses comme des ballons de football.

Le rein était bloqué par des calculs que personne ne savait résoudre...

Les radios ne révélant absolument rien, il fallut ouvrir pour voir.

Le patient avait été efficacement soigné par des guérisseurs qui l'avaient tué.

Les services de la morgue étant fermés la nuit, il attendit le matin pour décéder.

La cloison nasale avait été violemment frappée à coups de coton-tige.

Le chirurgien a été obligé de limer la femme jusqu'à sa disparition...

Le médecin ayant oublié de brancher le respirateur, le malade crut bon de décéder.

Rendu fou furieux par l'abus de somnifères, il ne ferma pas l'œil de la nuit.

Lors de la prise de température, le thermomètre disparut définitivement dans l'anus...

L'homme s'était transpercé la main de part en part avec un concombre...

Ses dents tombaient comme des confettis...

Le décès ne fut constaté qu'au moment de sa mort...

Le doigt coupé par la tronçonneuse avait été égaré parmi la viande du congélateur.

La maman avait accouché de deux jumeaux qui n'étaient pas du même père.

A l'échographie, on ne distinguait rien, sinon vaguement la trace d'un enfant.

Il apparut vite que la boisson était la raison de son alcoolisme et non le contraire.

La jeune femme s'était déjà fait engrosser plusieurs fois par des médecins de passage…

Le rapport sévère du médecin posait clairement la question : avait-elle été soignée à l'acupuncture ou au marteau-piqueur ?

Devant la violence des coups, ses lunettes lui étaient rentrées dans le derrière.

Le port de la blouse est obligatoire, même en cas de décès.

Un morceau d'intestin de plus d'un mètre lui a été retiré par la bouche.

Le cardiologue n'avait plus l'habitude de procéder à des accouchements…

L'anesthésie eut des effets inattendus puisque l'opéré s'était réveillé en pleine forme au beau milieu de son opération…

L'ambulance qui emmenait le blessé a renversé deux piétons avec sa sirène.

L'arcade sourcilière était grande ouverte et découvrait en détail tout l'intérieur du crâne.

Il fallait lui changer les draps presque toutes les minutes…

Ses règles mensuelles avaient lieu une seule fois par an.

Les antibiotiques eurent pour effet de ne pas en avoir...

C'est en laissant tomber le malade par terre lors de son transfert qu'il a été décidé de le conduire à la morgue.

Le blessé n'était plus qu'une immonde bouillie sans queue ni tête...

La femme s'était enflammée la luxure...

La température élevée (39°9) laissait deviner une petite fièvre.

Hépatite virale ou pas, il fallut appeler la sécurité pour mettre la femme à la porte de l'hôpital.

On la descendit vite pour une descente de matrice...

De crises de nerfs en coma profond, l'homme avait des hauts et des bas.

Au diagnostic, il était impossible de faire la différence entre une appendicite et une inflammation des testicules.

L'usage de la mophine étant strictement réglementé, ses souffrances furent très pénibles pour lui et sa famille.

La tétine du biberon n'était pas conforme à la forme du sein.

Elle se plaignait depuis longtemps de migraines au ventre...

L'absorption des médicaments était rendue très difficile par le fait que tous ses trous étaient bouchés par des pansements.

Sa tentative de suicide ayant raté, elle en était morte.

Envoyé en maison de repos, le malade réussit à revenir à l'hôpital par la fenêtre.

La femme mourut sans même attendre le résultat des examens sanguins.

Attaché à son lit, ce malade allait importuner les malades des autres chambres.

Pour juguler la diarrhée, il fallut même y mettre les mains…

Un os était resté coincé tout au fond de son nez...

Son mari refusait de lui donner à manger au lit en disant qu'elle crève !

L'homme avait fumé toute sa vie même quand il avait arrêté.

Anorexique depuis l'enfance, la jeune fille souffrait d'obésité.

Un banal hoquet s'était transformé en vaginite...

Il croyait avoir un cancer, mais il était loin du compte...

CHAPITRE 5

L'A.N.P.E. et les Assedic

L'emploi dans la région s'était brusquement effondré à cause de la reprise.

A travail égal, son salaire était égal à ceux qui gagnaient moins...

Il s'était installé à vie dans le chômage de longue durée...

Son licenciement avait pour origine la lettre de licenciement qu'il avait reçue...

Le problème du chômage reste essentiellement dû à un vrai manque de travail.

Les nouveaux horaires d'ouverture de notre antenne doivent rester strictement confidentiels.

Après dix ans de période d'essai, il fut remercié...

La même mairie offre trois postes de maire à mi-temps.

Cadre supérieur dans une grande entreprise d'informatique, l'homme vivait du R.M.I...

Totalement inactif, il a travaillé dès l'âge de 16 ans et jusqu'à sa mort.

Les chômeurs avaient fini par se mettre en grève...

Radié de nos listes au 31 janvier, il y fit un retour en force dès le 1er février...

Vous pouvez retirer cette somme en espèces dans n'importe quel bureau de poste, malheureusement cela n'est pas possible.

Travailleur à temps partiel, il était néanmoins alcoolique à temps complet.

Un chèque en espèces vous sera remis à la fin du mois.

Trop âgé pour accepter encore des travaux de force, il se fit déménageur.

Les indemnités de déplacement sont comprises dans les heures supplémentaires (non payables).

Assistante en radiologie, elle venait d'être radiée...

Le dossier du réclamant a dû s'égarer durant le trajet dans l'ordinateur...

La durée de travail, limitée à 39 heures, était nettement inférieure puisqu'il n'était pas rare qu'ils effectuent des semaines de 45 heures.

Recalée à l'embauche, la femme se mit au travail sans qu'on lui demande rien...

L'usine avait fermé ses portes devant l'afflux des commandes.

Petit commerçant, il vivait aussi de petits trafics.

Il est surprenant que vous n'ayez pas reçu ce virement puisque vous l'avez encaissé...

L'homme refusait de se mettre en retraite de l'ANPE...

Le préavis ayant été effectué, il lui restait à effectuer son préavis.

Le salarié était en recherche d'emploi depuis plus de 50 ans...

Le plan gouvernemental mis en application dès sa publication ne fut jamais appliqué.

Les problèmes commencèrent dès son inscription à l'agence où elle passait la journée à nous harceler de ses curriculum vitae divers.

Veuve depuis peu, elle s'était inscrite à l'ANPE pour trouver un mari...

Comédienne de son état, elle était prête à accepter n'importe quel autre travail pourvu que ce soit comme comédienne.

La connaissance de la dactylo est indispensable pour ces deux postes de soudeur-fraiseur.

Il s'agit d'un tiers de temps payé le quart...

La fabrique de bateaux avait coulé...

Le retard de paiement des indemnités mensuelles est dû à des travaux de peinture.

Les petites annonces devraient bientôt grandir...

L'informatique ne tombe malheureusement jamais en panne les jours de grève...

La liste d'attente est réservée aux demandeurs en attente.

Les statistiques sont formelles : sans chiffres exacts, le résultat est faux.

Deux ans à l'entretien suivis de cinq ans au standard avaient laissé des traces chez ce chef d'entreprise malchanceux…

L'unité de production ne produisait plus qu'à l'unité…

Les indemnités qui vous sont dues sont égales au montant des indemnités que vous devez percevoir.

Les prévisions les plus optimistes laissent entrevoir une reprise dans les dix ans à venir.

Ça va pas être long…

ASSEDIC

ANTENNE

D'AGEN

Bienvenue,

ous serez appelé pour déposer
votre dossier

Sous le numéro :

139

Il est 12:58, Le 20/11/96

Il y a 4859 Pers. en attente.

Temps d'attente estimé : 6266mn

Asseyez vous à droite de la
salle d'accueil.

ESII (33) 04 67 07 04 70 ESII (33) 04 67 07 04 70 ESII (33) 04

Votre sexe n'était pas visible sur le formulaire.

La réalité de son travail consistait généralement à ne rien faire…

Agent de maîtrise, il ne maîtrisait plus la situation…

A pourvoir : poste de secrétaire vacant depuis sa suppression.

Vos droits à venir vont aller en mourant doucement…

L'entreprise ayant brûlé, toutes les tentatives de réinsertion firent long feu.

Administrativement, l'homme n'existait que sur le papier.

CHAPITRE 6

Les enseignants et L'Éducation nationale

Le livret d'information à l'usage des élèves doit être exclusivement distribué aux professeurs.

Tous les espoirs sont permis avec la cuvée 1998 du baccalauréat qui ne devrait pas être meilleure que celle de 1997.

La rentrée scolaire correspondait cette année-là au début des cours...

Les externes ne bénéficient pas du même statut que les internés...

Ayant perdu sa faculté, le lycéen avait dû arrêter ses études.

Il convient de classer les élèves en trois catégories bien distinctes :
1/ Sexe masculin
2/ Sexe féminin
3/ Professeurs

L'équipe de nettoyage a retrouvé des préservatifs usagés jusque dans la salle des professeurs...

Les inscriptions ont lieu tous les jours de la semaine, à l'exception du lundi, mardi, mercredi et jeudi.

Devant le lycée, M. BAGARRE donna des apaisements aux manifestants.
(Le Progrès)

Les W.C. sont régulièrement retrouvés bouchés avec des élèves...

Les quatre classes de terminale seront prochainement terminées...

Les corrections ne sont pas contestables sauf en cas de contestation.

Le ramassage scolaire donnait lieu à des débauches sur les sièges du car qui étaient pourtant inconfortables...

Le cours de philosophie prévu à 10 h est reporté à 10 h.

Proche de la retraite, l'instituteur négligeait ses missions pédagogiques au profit de sa maladie.

Tous les ballons ayant été dérobés par des élèves indélicats, le cours de musique a dû être supprimé.

La sonnerie ne s'étant pas déclenchée, les cours n'ont pas pu s'arrêter...

L'affichage politique ou pornographique est naturellement prohibé sur les tableaux de service...

Les syndicats enseignants doivent respecter leur mission qui n'est pas de faire du proxénétisme * *dans l'établissement.*

Ses parents prétendent qu'elle a été mise enceinte dans l'enceinte de l'établissement.

Les élèves n'ont pas attendu l'autorisation du proviseur pour se pénétrer...

La récréation n'est pas considérée comme une excuse valable pour sécher les cours.

Dans le cas de Pierre, trop de mensonges ont fini par nuire à son honnêteté foncière.

Le contrôle continu ne s'arrêtera pas...

---

* *Sans doute pour « prosélytisme »... (Note de l'auteur)*

La jeune fille (3ème) et le garçon (Terminale) ont été surpris sans pantalon et torse nu dans le local du chauffage central en train de se livrer l'un sur l'autre, avec les mains et avec la bouche, à des attouchements divers qui ne laissaient quasiment aucun doute sur la nature physique de leur contact.

Le début d'incendie ne vit jamais le jour...

Les couteaux seront eux aussi considérés comme des armes à feu.

Cette salle sera fermée lundi et mardi pour cause de fermeture définitive.

L'échec à cet examen n'est pas une condition de sa réussite...

Le divorce de ses parents ne l'autorisait pas à flirter en classe...

Appelés à midi, les pompiers furent très vite dans l'établissement, vers midi moins le quart...

Les élèves de plus de 50 ans n'ont pas accès à la garderie.

Son motif d'absence était juste l'absence...

En cas de contestation des barêmes de notation, prière d'en informer immédiatement Mme BONNENOTE.

Une absence prolongée doit être de courte durée.

La mendicité est interdite pendant les cours...

Le surveillant ne pouvant être partout à la fois, il n'était nulle part…

Parler une ou plusieurs langues étrangères reste le meilleur moyen de ne pas parler que le français.

Onze pneus crevés en 48 h sur des voitures de professeurs laissent penser qu'il s'agit bien de crimes monstrueux…

Des graffitis injurieux maculent régulièrement le derrière des professeurs…

Surpris avec un téléphone portable pendant l'examen, l'élève menaça d'appeler son père qui était avocat…

Fermeture définitive des portes à 18 h précises pouvant s'étaler jusqu'à 19 h 30.

Même les filles ont été inondées côté cour...

Centre pédagogique régional de Paris-Sud. Éducation physique et sportive : responsable : Mme CRAMPE.

Les élèves nés entre le 150 décembre et la fin de l'année sont inscrits d'office.

A la cantine, plusieurs morceaux de craie ont été découverts dans les hors-d'œuvre...

Le couloir de la cantine doit être bientôt repeint en vert caca d'oie...

Les relations sexuelles ne sont tolérées qu'en dehors de l'enceinte...

Même les absents ne peuvent être exemptés de la visite médicale.

Il est interdit de garer les vélos et cyclomoteurs dans les salles de cours.

De graves tricheries aux examens ont même été constatées à la cantine.

Un peu de respect n'a jamais fait de mal à personne et surtout pas aux enseignants...

Les départs en vacances ne s'effectuent pas pendant les cours...

Thème du débat : L'échec scolaire est-il dû à la scolarité ?

La bibliothèque servait de dortoir aux fainéants...

L'instituteur faisait ce qu'il pouvait pour canaliser la haine que lui vouaient parents et élèves...

Le port de sous-vêtements est obligatoire pendant les heures de sport, surtout pour les filles en haut et en bas...

Pris de vomissements, l'élève a craché tripes et boyaux sur son professeur...

Cet examen est reporté à une date indéterminée : le 12 mars, à 16 h.

Il est rappelé que la fréquentation des deux salles de chimie peut être explosive...

Le port de casquettes, bérets, foulards ou chapeaux est interdit même en période de carnaval.

Les mots d'excuse des parents doivent être signés lisiblement par les élèves.

Les interrogations écrites ont eu lieu par oral…

Pour les handicapés, les dispenses de gymnastique doivent être motivées.

En-dessous de 18 ans, l'élève majeur ne l'est pas encore…

L'élève menaçait de faire une crise cardiaque si on l'interrogeait encore !

L'enseignant avait été tagué de la tête aux pieds...

L'élagage des arbres du terrain de sport est rendu nécessaire par son caractère indispensable.

Faut-il rappeler que ces contrôles ne sont pas des suggestions mais des obligations ?

Tout colis suspect sera détruit comme l'élève qui l'aurait oublié.

Le bizutage est une pratique dégradante qui n'a pas à être encouragée, sauf en dehors du collège.

Le matériel informatique livré le mois dernier n'ayant pas encore été livré...

A son arrivée, la jeune fille ne savait ni lire, ni écrire, ni regarder.

Les cours de musique étaient devenus des cours de bruit...

L'épidémie de grippe qui sévit actuellement a décimé le corps professoral dans les grandes largeurs...

La visite de l'inspecteur d'académie a donné lieu à des débordements de joie...

Une exclusion immédiate a été prononcée à l'unanimité des deux professeurs présents.

Tout étranger au collège sera considéré comme étranger à l'établissement...

L'élève incriminé prétendait que la discipline requise pour les déplacements dans les couloirs portait une atteinte grave à sa liberté de citoyen français, alors qu'il était d'origine maghrébine.

L'école avait dû fermer faute de combattants...

Aucun coup n'a été porté sur l'élève victime de ces sévices...

L'usage de balladeurs ou de transistors sera sanctionné par la confiscation immédiate des appareils au profit des professeurs.

Les mathématiques n'étant pas une science exacte...

Le vestiaire des professeurs a été violé avec tous ceux qui se trouvaient dedans...

A cause de la grippe, les participants aux classes de neige ont fondu...

L'accès à la cantine est strictement subordonné à l'absorption de nourriture.

D'une intelligence supérieure à la moyenne, il était promis à un échec certain...

Le proviseur précise qu'une tenue dite « correcte » est celle qui assure un minimum de correction.

Il s'était endormi en cours, accusant la télévision de l'avoir regardé.

Les certificats médicaux signés par les parents n'ont aucune valeur médicale.

Le remplacement des nombreux professeurs absents reste une priorité pour le chef d'établissement qui n'a malheureusement aucune solution à proposer...

Le nouvel instituteur prendra donc ses fonctions suite à son décès...

La consommation de papier-toilette est augmentée par l'arrivée de l'hiver...

Les copies non remises dans le temps imparti seront purement et simplement corrigées.

L'instituteur s'est contenté de lui tirer gentiment l'oreille qui s'est pourtant détachée...

La sortie ne peut s'effectuer qu'après une entrée...

L'accident ayant eu lieu, la direction ne put que le constater...

Le professeur indélicat a été sévèrement sanctionné par une légère admonestation.

Les réformes de l'enseignement ne sont pas décidées par les élèves...

Par commodité, les élèves ont donc été découpés en tranches...

Cette assurance facultative est obligatoire.

S'il est trop souvent absent, autant que l'élève reste chez lui pour y suivre les cours.

Le règlement est formel sur ce point : un élève entré dans le lycée n'en ressort jamais.

Il s'agissait d'un vieux cartable qui n'avait plus forme humaine...

Les résultats seront affichés par téléphone...

Les objets volés ont tous été retrouvés sur votre fils, dont le vélo de la gardienne...

CHAPITRE 7

L'Armée et les militaires

Le rôle des gradés est de veiller au respect de la discipline, surtout en période de fortes chaleurs.

Aucun soldat n'a été forcé de participer à cette marche forcée.

Il s'est éteint peu de temps après avoir été au feu, lors de la guerre du Golfe.

Ce plan devrait permettre de remettre la marine sur ses rails...

Le lieutenant avait expliqué que, quand il n'y a qu'une seule solution, il était déconseillé de choisir la deuxième.

Il fut transféré dans le local d'arrêt de rigueur où il coula des jours heureux...

Sous un soleil de plomb, la compagnie avait dû essuyer une pluie glaciale.

Pendant toute la marche, il n'avait pas arrêté de dormir debout !

L'équipe, composée des lieutenants COCAULT et RICO, s'est classée première du classement général.

(Armées d'aujourd'hui)

Il présenta plusieurs objections, dont celle de conscience...

L'appelé avait refusé de saluer ses supérieurs au motif qu'il avait le bras trop mou...

Les cheveux longs doivent obligatoirement être portés courts.

Pour réfléchir, la tête doit servir de cerveau...

Un chien avait été introduit dans la chambrée avec l'intention évidente de servir de femelle aux hommes.

Au moment du lever des couleurs, le drapeau n'avait toujours pas été réveillé…

Motif de cette sanction : « Doit être sanctionné ».

Faute d'avion disponible, il fallut avoir recours à une moto…

A reconnu qu'il s'était servi de son képi pour des activités que la morale réprouve…

L'exercice de tir aux mortiers sera fait à l'arme blanche.

Refusant d'effectuer son service militaire, il s'était engagé volontairement...

Les cuisiniers ne peuvent être tenus pour responsables des intoxications alimentaires contractées en dehors des heures des repas.

On reproche au soldat des relations sexuelles hors nature pratiquées sur un véhicule du régiment.

Le rôle de la hiérarchie n'est pas de susciter l'amitié mais d'inspirer le respect...

A l'armée, disait-il, il n'y a que deux tailles : les trop grandes et les trop petites.

Le linge doit être lavé dès qu'il est sale, même s'il est encore sur le corps.

Motif de la punition : « A défilé en marchant d'un pas ironique. »

Le soldat avait fait de son mieux, c'est-à-dire n'importe comment...

Les poubelles doivent rester propres et ne pas accueillir de détritus.

Il est interdit de fumer en jouant de son instrument...

Dénigrant perpétuellement l'armée, il ne cessait d'en vanter les mérites.

Visite de l'amiral MOUTON au méchoui des anciens marins.

(La Voix de l'Aisne)

Il est formellement interdit de tomber malade pendant les permissions de 24 ou 48 heures.

Pour distinguer la gauche de la droite, il suffit de regarder sa main droite.

Un ordre bien donné ne doit engager que la responsabilité de celui qui l'exécute.

Réformé n°1 pour blessures, il était titulaire de nombreuses cicatrices.

Motif : « A tenu des propos irrévérencieux et infondés concernant certaines parties très intimes de son supérieur. »

L'accès au mess n'est autorisé que quand il n'est pas interdit...

Le colonel BEAUPIED représentait le colonel BELLŒIL.

(Ouest-France)

Il s'était beaucoup battu, ne réussissant malheureusement jamais à se faire tuer.

Le drapeau devra de préférence flotter dans le sens du vent.

Le général Hotton décore le chef de bataillon TUEUR de la médaille de chevalier de la Légion d'honneur.

(Les Dernières Nouvelles d'Alsace)

Les armes doivent être nettoyées avec un soin légèrement humide.

Il avait choisi l'armée de métier parce que ce n'était pas un vrai métier...

Objet du rapport : Comment éviter les pertes inévitables.

Chapitre 8

Trésor public, impôts et percepteurs

Si vos parents sont à charge, ce sont comme des enfants...

Somme à payer : 32 758 Francs. Pour votre information, l'équivalent de ce montant en euros est de : 0 euros.

Le tiers provisionnel représente donc bien 75 % de l'ensemble...

En cas de veuvage, les deux conjoints doivent signer une déclaration commune.

Ne pas avoir de revenus ne vous autorise pas à vous soustraire à l'impôt sur le revenu.

Nous ne pouvons pas considérer comme « studette » un appartement de 230 m^2...

Les résidents des hôtels sont considérés comme des S.d.f.

Nous vous rappelons que la T.V.A n'est pas un impôt, mais une taxe, ce qui est tout à fait différent.

Il s'agit d'une erreur de nos services dont vous pouvez être tenu pour responsable...

Le trésorier, M. FAUCHÉ...

Le percepteur sera de passage dans la commune le jour de son passage.

La nationalité ne peut pas être différente du sexe...

Le chômage, même non rémunéré, est une source de revenus.

Si vous n'avez pas d'enfants, il faut faire en sorte d'en trouver…

Notre réponse affirmative est donc non !

Si vous avez jeté ces factures, il faut les joindre quand même…

Joindre impérativement un relevé d'identité bancale…

On peut donc affirmer que son train de vie est bien lié à ses revenus…

La mention « peut-être » n'est pas considérée comme une réponse à la question « oui ou non ».

...auquel cas nous débiterons directement votre signature.

Vous déclarez depuis trois ans d'importants revenus que vous ne touchez même pas...

Vous aurez la possibilité de payer dans l'unité de votre choix : soit en francs, soit en francs.

Si votre nom fait plus de 19 lettres, il faut lui couper la fin.

Si les enfants déchargent encore au foyer, merci de l'indiquer.

Les intiales R.F. signifient Trésor Public.

Si vous êtes né(e) le jour de votre naissance, l'indiquer en marge.

Six lignes téléphoniques (dont 2 fax) dans un studio de 33 m² ont fini par attirer l'attention sur lui...

Outre-mer : pour Dom, voir Tom.

Merci de joindre une photocopie de vos enfants.

Le but de cette vérification est en fait de pratiquer une vérification...

Ce qui est en plus n'est pas en moins...

Les antiquités étaient trop neuves pour être récentes...

Thème de la réunion d'information : La division du travail, par l'inspecteur divisionnaire.

Il refusait de déclarer sa femme de ménage sous prétexte qu'il l'avait épousée...

Votre mariage a transformé votre couple en foyer fiscal...

Votre demande d'éclaircissement a tout embrouillé...

Cette période de trois mois peut être prolongée d'un mois, soit un total de six mois.

L'agent de l'administration effectuera la vérification sur votre propre matériel informatique à condition qu'il en soit capable...

Les chiffres que vous utilisez dans votre déclaration sont incompatibles avec les mathématiques.

Les timbres fiscaux ne doivent pas servir à affranchir le courrier.

Votre signature, elle, ne doit pas être tapée à la machine.

Sa comptabilité était toute vermoulue d'escroqueries…

Par objets de grande valeur, on entend : bijoux, objets d'art ou de collection, meubles d'époque, vieux papiers…

L'impôt de référence n'est pas une référence…

Somme à régler au plus tard le 15 février si vous n'êtes pas menstrualisé.

Votre arriéré date quand même des années 50...

L'augmentation doit correspondre précisément à une réduction...

Si vous ajouter 1 000 F à 3 500 F, comment pouvez-vous obtenir 4 500 F ?

Si votre femme n'a pas été réglée, merci de nous la renvoyer immédiatement.

On le sait, le Code général des impôts reste la bible des fraudeurs...

Les guichets sont déclarés ouverts quand il y a quelqu'un derrière.

Adressez-vous alors au tribunal de grande insistance...

Si le différend persiste, c'est que nous devons avoir raison...

Dès réception de votre lettre, nous attendrons immédiatement pour y répondre.

Quant aux frais de restauration, votre assiette est pleine...

Votre compte est débiteur d'un crédit de : 127, 00 F.

Les frais de crémation sont-ils à considérer comme des frais d'inhumation ?

Vous pourrez vous acquitter de cette taxe l'année prochaine si vous êtes encore vivant...

Il s'agit là d'une toute nouvelle taxe inventée par nos services...

Le nombre de vos employeurs ne peut pas être supérieur à : 800.

Votre véhicule d'occasion est tout neuf...

Le cachet de la poste fait bien foi que vous n'avez jamais envoyé ce courrier !

La mensualité peut être payable annuellement...

Vos notes de frais ne peuvent servir à acheter sans arrêt des n'importe quoi n'importe comment...

Votre déclaration reste aussi floue que la source de vos revenus.

Montant de la pénalité à régler sous huitaine sous peine de poursuites : 0,07 F.

Le contrôleur s'est aperçu que vos costumes, déclarés comme frais professionnels, étaient de taille toute petite, c'est-à-dire pour un enfant de 8 ans.

A la rubrique « oui », pourquoi avez-vous répondu « non » ?

La profession de manutentionnaire que vous exercez n'est pas considérée comme un vrai métier.

Vous pouvez payer en plusieurs fois à condition de tout régler d'un coup.

Si vous vous êtes mariée pour avoir moins d'impôts, c'est raté...

A zéro franc près, nous n'obtenons pas le même résultat que vous...

Le décès de votre conjoint n'implique pas qu'il habite encore chez vous...

Nos relances ont pour objet de vous relancer...

Votre dossier est vide de toutes pièces manquantes.

Nous n'agissons pas, comme vous le dites, « à la tête du client », ni en fonction de la race de son sexe.

L'article 15
(définitivement supprimé)
est parfaitement clair...

S'il y a litige, c'est que nous sommes bien d'accord...

*L'arrêt de travail
est assimilable
à une cessation
d'activité.*

**Veuillez préciser
si le sexe de votre
conjoint a changé...**

CHAPITRE 9

La R.A.T.P. et autres transports publics

C'est un rat se promenant sur le quai qui avait été le premier à monter dans le wagon...

La fréquence des passages est de 2 mn quand elle n'est pas plus longue.

L'homme s'était mis nu au milieu de la voie en attendant qu'une rame veuille bien lui passer dessus...

L'homme nous présenta un billet datant des années 60, mais pas utilisé, c'est vrai...

Des graffitis de toutes les nationalités étaient gribouillés sous les fesses des sièges.

Des clochards en tous genres avaient élu domicile dans la rame comme chez eux.

La ligne 14, dite « Météor », a été inaugurée le 15 octobre 1998 par le président de la RATP, M. Jacques Chirac, accompagné du Président de la République, M. Jean-Paul Bailly.

L'homme était monté en 1ère classe alors qu'elle n'existe plus...

Le mendiant s'était déguisé en musicien mais il n'avait que sa casquette comme instrument.

La rame avait grillé la station comme un vulgaire feu rouge.

L'insalubrité reste un problème majeur et dans ce domaine l'employeur n'a pas les mains très propres...

Sa carte orange présentait le défaut de n'avoir pas la bonne couleur...

Par suite d'embouteillages, la rame a dû patienter plus de dix minutes en station.

Le machiniste n'écouta que son courage pour ne pas intervenir...

Des revendeurs de drogue circulaient sur le quai en vendant leur marchandise à la criée.

La RATP ne peut être responsable puisqu'elle est irresponsable.

Les conducteurs victimes d'accidents peuvent-ils bénéficier de la prime de non-accident (n° D2-03) ?

Le tourniquet s'était embobiné sur lui-même en tordant la vieille femme dans tous les sens.

Les machinistes-reçeveurs AE-AF-ARH d'échelle/grade N.09 et d'échelon 4 au 01/10/1998 avec intégration de CSG et + de O,6 % sur accord salarial sont donc, avec 327,9, à 11533,19 avec annuité de retraite à 263,66, alors que les O.F.Q. de développement N.11 de Tertiaire/Assimilés d'échelon 4 avec CSG et 0,6 % idem, avec 327,0, restent à 11501,54, avec annuité de retraite à 269,28, ce qui pose un réel problème.

Le billet de l'homme était bien en règle et celui-ci fut contrôlé positif.

La fermeture automatique des portes était contrariée parce qu'un passager s'amusait à ouvrir la fermeture.

Certains agents pourront, dans un élan généreux du directeur, rester le dimanche chez eux quand ils seront malades...

La question est de savoir si les conducteurs de rames ont droit à la prime D1-06 pour utilisation de leur voiture personnelle ?

Formellement reconnu par l'équipe des contrôleurs, l'homme tenta de se prendre en otage pour leur échapper.

Les deux bus semblaient faire la course à qui irait le moins vite...

Les syndicats acceptent bien sûr que le service public nécessite un effectif présent le dimanche, mais ne peuvent cautionner le fait que les agents n'aient pas de repos le dimanche.

La rame abordait la station quand le machiniste perdit le contrôle de son véhicule...

L'entretien de ce véhicule a lieu toutes les semaines, vers le 10 du mois.

L'appareil refusant obstinément de libérer le billet qu'il venait de valider, le passager s'en prit à la conductrice en la traitant de voleuse.

Par le rétroviseur, le conducteur eut le temps d'apercevoir son véhicule qui partait sans lui...

Le pneu avait été lacéré à l'aide d'une bombe de peinture...

La femme voulait absolument faire arrêter la voiture à un arrêt qu'elle venait d'inventer...

Voulant s'emparer de la caisse, les trois jeunes demandèrent poliment au machiniste s'ils pouvaient...

La mendicité est interdite, même aux mendiants.

Vingt personnes au moins étaient debout sur les places assises...

L'arrêt du moteur était sans doute consécutif à la panne de carburant...

Lors du brusque freinage, l'emboutissage des deux voitures fut salué comme il se doit par les passagers.

Tournant brusquement son volant, notre conducteur a réussi à éviter le véhicule qui le précédait en lui rentrant violemment dedans.

Le prochain arrêt n'avait jamais eu lieu...

Il passa la journée dans le bus en prétextant que la RATP était à tout le monde !

Sans aucun respect pour la personne âgée, il viola sa place.

CHAPITRE 10

Sécurité sociale et Allocations familiales

Les maladies ne sont distribuées qu'à partir de 9 h…

Si vous n'avez pas cotisé, vous n'avez pas le droit de tomber malade.

Votre petite taille n'est pas un motif de redressement…

C'est provisoirement qu'il avait trouvé la mort en voiture…

Le bilan de santé annuel avait eu lieu de mois en mois…

L'assuré terminait toutes ses lettres comme ça : Sécurité Sociale = SS !

La maison de retraite l'avait refusée pour vieillesse...

Nous avons accepté cette prise en charge parce que nous avons remarqué que les documents étaient truqués...

Vous devez changer votre caisse quand vous changez d'adresse.

Le nourrisson a été renvoyé ensuite dans son domicile conjugal...

Quant à la victime, assassinée de 8 coups de hache, le rapport concluait à une mort naturelle.

Votre bonne volonté ne peut faire preuve de bonne foi...

Les radios étant floues, elles n'avaient rien révélé d'anormal…

La vieillesse n'est pas une maladie en soi…

L'accord de la caisse est indispensable pour augmenter le taux d'une prise en charge à 100 %.

La date de validité est inscrite dans la case où il n'y a rien marqué.

Nous ne vous devons donc plus rien sauf l'ensemble des sommes dues.

Les deux frères jumeaux, âgés respectivement de 4 et 11 ans…

Le prix des montures de lunettes dépassait largement celui des yeux...

Votre qualité d'étranger vous rend étranger à nos prestations.

Le médecin a-t-il eu tort de refuser la transfusion qui aurait sauvé le malade ?

Le courrier vous a été adressé le jour de son envoi...

Des réclamations comme la vôtre, nous en reçevons des millions tous les jours !

C'est parce qu'il faut le compléter que votre dossier est incomplet.

Bien sûr, les erreurs de l'ordinateur n'engagent que lui...

A part vos trois enfants, vous n'êtes pas mère de famille...

L'usage des voitures d'enfants est résevée aux personnes âgées.

Son cœur avait arrêté de battre la mesure...

Votre carte étant valable jusqu'à la fin de l'année, il vous est interdit de l'utiliser.

Le remboursement peut se faire en liquide ou en espèces...

Pour le numéro, votre sexe s'appelle 2...

Votre existence n'a donc aucune valeur administrative pour nous.

Avec un retard de 4 ans, la somme vous a été réglée sans délai.

La victime vivait chichement de son ancien décès…

Le délai d'attente normal pour une réponse à vos courriers est de : 15 ans maximum.

Les remboursements s'effectuent aux guichets 3 et 4 qui sont fermés jusqu'à nouvel ordre.

Déposé dans notre boîte à lettre, vous avez dû y rester par erreur.

Nous ne sommes pas une caisse pour les animaux...

Pendant la grève, le suivi des dossiers continuera d'être assuré par le personnel en grève.

Elle restait chétive malgré son obésité...

Exceptionnellement, le vaccin pourra donner lieu à une vaccination.

Il portait depuis toujours des lunettes de myope pour aveugle...

Elle a tenté de mettre fin à ses jours en attentant à sa vie.

Puisqu'elle a perdu la raison, il n'est pas question de la rembourser.

Elle avait accouché moins de deux semaines après son avortement...

L'amputation du zobe de l'oreille fut pratiquée en même temps...

Merci de ne pas lire le formulaire avant de le signer.

Le fait d'avoir avalé cette petite cuillère est-il assimilable à une intoxication alimentaire ?

En état de décomposition avancée, son corps demanda le remboursement des soins...

Puisque vous êtes une femme, vous avez obligatoirement un sexe...

La cure thermale a pour but d'être curative...

Le SAMU n'ayant pas répondu assez vite à son appel, il prit deux aspirines.

L'acceptation de votre prise en charge suppose encore que nous l'acceptions.

Elle pourra bénéficier de soins à domicile à l'hôpital.

La mairie nous réclame le montant de vos frais d'inhumation...

La série de piqûres doit être effectuée impérativement dans les fesses (ou n'importe où ailleurs).

La sage-femme était en train d'accoucher quand trois autres bébés lui sont sortis dessus...

C'est un arrêt du cœur qui lui donna le coup de grâce.

La consultation n'est pas facturée en cas de décès.

Si votre nom n'apparaît plus sur nos listings, c'est que vous n'existez plus.

Il a été transfusé jusqu'à ce que mort s'ensuive...

Nous vous renvoyons votre médecin à compléter par le dossier.

L'achat en une seule fois de 60 paires de bas à varices nous a laissés perplexes...

Le matériel d'assistance respiratoire est lui aussi à bout de souffle...

Les shampooings ne peuvent être assimilés à des maladies.

Elle allatait au sein à l'aide de biberons non stérilisés...

L'homéopathie étant une médecine de gogo, nous ne la remboursons pas.

Pas question de rembourser 34 séances de massage pour une petite entorse !

Le cadavre était resté huit jours entre la vie et la mort...

Quant aux frais d'ophtalmologie, il faut voir...

Votre dermatologue vous expliquera plus précisément les points noirs de ce dossier...

Elle s'était fait soigner les mains par un pédicure non agréé...

Il n'y a vraiment pas besoin d'envoyer en recommandé avec accusé de réception toutes les sottises que vous proférez sur le compte de la Sécu !

Hospitalisé, vous avez eu à souffrir d'un contrôle...

Vous n'aviez qu'à pas tomber malade à l'étranger...

Chapitre 11

La Justice

Le juge d'instruction semblait n'être pas très instruit de l'affaire...

Les gendarmes de Villeneuve-lès-Avignon ont arrêté hier matin au terme d'une enquête rapide le nommé Thierry ZOBBI.

Le tribunal correctionnel a rendu son verdict tard dans la nuit, vers 12 h 30...

La prison n'étant pas la meilleure solution, il fut condamné à 8 ans de réclusion.

Une vache saute sur le capot d'une voiture et retombe sur un vélo. Un constat des dégâts a été dressé par maître LEVAUX, huissier.

(Le Progrès de Lyon)

Verdict : deux mois de prison avec sursis dont trois ans fermes.

Le tueur avait été condamné pour de menus larcins...

Un des responsables locaux de l'insémination artificielle arrêté pour plusieurs viols.

M. Maurice CHAUFFARD a fait l'objet d'un arrêté de suspension de permis de conduire.
(Le Progrès de Lyon)

Justice fut donc faite malgré le caractère inique de cette sentence.

Le tribunal prit une décision immédiate reportée à plus tard.

Aveugle, il ne parvint pas à prononcer un seul mot à la barre...

Le prévenu s'est présenté libre, menottes aux poignets.

Monsieur BASSALER a déclaré aux policiers que son salaire ne pouvait suffire à ses besoins.

(La Voix du Nord)

Le président du tribunal voulut mettre son affaire dans celle de la femme...

Acceptant ses excuses, il ne lui trouva aucune excuse !

Devant le tribunal, présidé par M. SOULARD, le prévenu a reconnu qu'il avait bu « un certain nombre de bières »...

(Le Populaire du Centre)

Récidiviste, le jeune homme risquait de retourner en prison avant même d'en être sorti.

Les deux avocats en vinrent aux mains à coups de paroles définitives...

Après un court délibéré, le tribunal s'est condamné à 2 mois de prison ferme.

L'indulgence du tribunal n'eut d'égale que sa fermeté.

Condamnation par le tribunal correctionnel de Châlons-sur-Marne pour surcharge de véhicule : 900 F d'amende à Micheline OBÈSE.

La femme LOUCHE, 48 ans, hôtelière, a été déférée au parquet.
(Sud-Ouest)

Le prévenu se mordit la queue pendant toute l'audience...

Le huis-clos fut prononcé permettant à tout le monde d'assister au procès.

Reconnu innocent, le prisonnier avait réussi à s'enfuir du tribunal.

Procédure de redressement judiciaire à l'égard de Mme ALANVERT...

(Journal de la Réunion)

Les pièces à conviction n'étaient guère convaincantes...

Condamné par les médecins, il le fut en plus par les juges...

Tous les jours, l'accusé effectuait un travail de nuit...

Il passa la journée à injurier la cour dans une langue dont personne ne comprenait un seul mot.

En voulant tirer dans les jambes du fugitif pour l'arrêter, le gendarme avait endommagé la toiture de l'église.

Quelle ne fut pas la surprise de la cour en voyant le couple se rentrer dedans avec des cris devant tout le monde !

Reconnu parfaitement valable, le testament était bien évidemment faux.

M. CONARD condamné à 1000 F d'amende pour avoir traité un garde-champêtre de « con ».

(Le Berry républicain)

Le coupable était innocent de toute culpabilité.

L'aide judiciaire lui avait été accordée malgré sa fortune...

Nora POCHARD roulait sur la nationale 20 lorsqu'elle a perdu le contrôle de son véhicule. L'éthylomètre a révélé la présence de près de 3 grammes d'alcool dans le sang. La jeune femme est tenancière d'un bar à Orléans.

(La République du Centre)

M. LABITTE poursuivi pour attentat à la pudeur.

(Tribunal correctionnel de Beauvais)

La loi fut appliquée à la lettre avec cette sentence aussi ridicule qu'injuste.

Il fut donc condamné à deux ans de liberté avec sursis...

L'interrogatoire n'avait mené à rien sauf à des aveux complets.

M. de BELLEMANIÈRE est revenu sur les lieux de ses viols.
(Le Midi libre)

Question identité, son sexe était sans garantie...

Son permis de séjour avait été grossièrement falsifié par un homme dont même le tribunal dut reconnaître le talent.

Accusé de vol de voiture, l'homme voulait à tout prix s'accuser de meurtre.

Mme POING a reçu quelques coups.
(Le Figaro)

Trop enceinte pour venir témoigner, la jeune femme refusa de confirmer qu'elle attendait un enfant...

La greffière avait omis de prévenir le président qu'elle ne savait pas écrire...

La robe de l'avocat cachait les parties civiles...

L'acte d'accusation ne mentionnant nulle part les reproches qu'on lui adressait, l'homme put repartir tranquillement.

Patrick BORDELL, 26 ans, sans profession, inculpé de proxénétisme...
(Le Midi libre)

Sa dernière déposition ressemblait à s'y méprendre à sa dernière déposition.

L'homme ne répondant aux questions que par des grognements, le tribunal fut bien obligé de constater qu'il ne parlait pas le français.

Le tribunal correctionnel a eu à connaître une affaire d'outrage public à la pudeur reproché à une femme de 48 ans, Olga CUDASSIER.

(La Nouvelle République du Centre-Ouest)

Le jeune avait été surpris en flagrant délire...

Le plaignant n'eut pas à se plaindre de la décision rendue...

Le second mariage du marchand de vin avait été du même tonneau...

La fraude était manifeste, c'est pourquoi le tribunal le relaxa.

Harcèlement sexuel... Bernard LECUL, 54 ans, a contre lui les témoignages de trois femmes qui travaillaient sous sa tutelle directe.

(L'Union de Reims)

L'ambiance dans le prétoire était aussi frigide que la présidente...

La commission rogatoire avait été délivrée par un juge de permanence qui n'était autre que l'accusé lui-même.

Convoqué à 9 h, l'accusée était arrivée vers 17 h en prétendant qu'elle avait raté son bus.

A propos d'une affaire de pédophilie, on cite l'inspecteur Grégory ANTIPINE...

L'homme ayant dressé son sexe devant la jeune femme, contravention lui fut dressée.

Montauban : M. SEXE condamné pour outrage à la pudeur.

(La Dépêche du Midi)

L'avocat voulait plaider la démence, mais il était évident que l'homme n'était pas plus dément que le président du tribunal lui-même.

Chapitre 12

La Police

Après nous avoir traités de « ripoux », l'homme se mit à ricaner comme une hyène...

L'homme décéda mortellement touché de plusieurs coups sans gravité.

Contrairement aux premières constatations, le viol a bien eu lieu dans la victime.

La fracture dont a été victime notre inspecteur part de l'épaule jusqu'au tibia.

Le commissariat étant désert à cette heure-là, les malfaiteurs purent uriner sans être dérangés sur tous les dossiers du service.

Le cadavre ayant disparu, il était difficile de savoir s'il s'agissait d'un homme ou d'une femme.

Nous avons pris l'homme en flagrant délit deux jours après son forfait.

Le voleur lui-même figurait parmi les objets dérobés...

Le car de Police-secours a dérapé sur la pluie avant de s'encadrer dans la porte du commissariat.

L'autoradio retrouvé sur le voleur était branché sur TF 1...

Les policiers en civil s'inquiètent : « Parfois, des collègues en uniforme nous matraquent en nous confondant avec les casseurs. »

(Le Parisien)

La jeune inspectrice venait juste de prendre ses fonctions qu'elle inaugura par un viol collectif...

A notre grande stupeur, le prisonnier avait passé les menottes au radiateur avant de filer.

Pour expliquer son geste meurtrier, l'homme nous expliqua qu'il « ne l'avait pas fait exprès mais qu'il recommencerait s'il le fallait ! »

Le vol ayant été déclaré à 21h précises (voir procès-verbal), nous avons pu appréhender un suspect dès 20 h 30.

Entendu dans nos locaux, le suspect s'est endormi sous nos questions.

La voiture a continué son chemin en rigolant de nos coups de sifflet.

L'homme reconnut sans difficulté qu'il avait bien insulté la contractuelle ci-dessus désignée mais ne voulut jamais avouer pourquoi il avait tenté de lui arracher son chemisier.

Il s'agissait d'enfants d'une même famille dont les parents n'étaient pas du tout les mêmes…

Quatre des deux blessés succombèrent à leurs blessures.

Le chien bondit alors par dessus son maître avant de s'envoler sous nos yeux.

Malgré qu'elle ait plus de 80 ans, la vieille dame était encore sportive et a réussi à semer nos agents qui l'ont égarée.

Sous les ordres du commissaire de police Bernard VINGTDEUX...

L'homme fut cueilli quand il grimpa dans un arbre...

Surpris par la nuit, les voleurs s'étaient endormis sur leur vol.

Les deux victimes n'avaient heureusement que des dégâts matériels sur elles.

Après avoir écrasé un massif de fleurs de la municipalité, la voiture continua paisiblement son chemin en écrasant son accélérateur.

Sous sa perruque, l'homme cachait un dentier...

Rendu totalement amnésique par le choc, le jeune homme se souvenait avec précision de tous les détails de l'accident.

La strangulation était évidente puisque la femme n'avait plus de cou.

Il s'agissait de trois hommes dont la couleur de peau laissait croire qu'ils étaient originaires d'Afrique puisqu'ils n'étaient pas blancs.

La femme de chambre était un homme...

Mortellement blessé par la collision, le poteau s'était écroulé sur la route.

L'individu offrant trop de résistance à nos efforts pour l'arrêter, nous avons décidé qu'il n'y avait pas lieu de verbaliser.

La victime se présenta dans nos locaux à 16 h pour nous annoncer sa mort.

Les nombreuses blessures relevées à la tête et à l'abdomen nous ont permis d'envisager une mort naturelle.

Il s'était introduit chez la vieille dame après l'avoir escaladée avec des pitons.

Bilan : deux morts sans dégâts apparents.

M. Léon FLICK, médaillé d'honneur de la police, à Strasbourg.

N'ayant pas de port d'armes, l'homme déclara qu'il pourrait quand même tirer un coup sur sa femme si elle le désirait.

Le suspect prétendait faire la quête pour les Restos du cœur alors qu'il n'avait vraiment pas le physique nécessaire !

Malgré sa mort, l'homme put reconnaître les deux suspects.

S'il n'y avait pas eu de route à cet endroit, la collision entre les deux véhicules aurait pu être évitée.

Le sommeil l'avait surpris dans sa mort...

Le choc fut suivi d'une explosion si violente que personne ne l'entendit.

Ce meurtre était donc bien un crime...

Le sang coulait si fort qu'il avait déjà rempli les deux chaussures !

Malgré son décès, l'individu passa des aveux complets.

La garde à vue de 24 h fut donc raccourcie d'une semaine...

Un examen approfondi nous permit de constater que les blessures du mort étaient mortelles.

Le billet de 500 F dérobé dans la caisse de son patron était en fait un chèque...

Le sexe féminin de notre inspectrice semblait déranger l'homme qui pourtant était de sexe masculin.

Et c'est juste avant le lever du jour, vers 16 h 30...

L'officier de police LATROUILLE fêté pour son départ en retraite.

Si la porte du local avait été fermée, le voleur n'aurait pas pu voir qu'elle était ouverte.

Sa canne lui servait de troisième jambe puisque celle-ci avait été coupée.

Arrêté au feu rouge, le conducteur fit semblant de ne pas nous voir en nous regardant fixement.

La version donnée par l'homme avait le mérite d'être vraie même si elle n'était qu'une suite de mensonges incroyables.

L'agent avait tiré son arme trop tard et s'était donc bêtement tiré lui-même dans la jambe.

Le squelette ne réussit même pas à dire un mot aux enquêteurs.

Sans dire un mot, le plaignant se mit alors à nous raconter le drame.

La femme n'avait aucun papier d'identité sur elle, ce qui permit son inscription au fichier.

Le suspect ressemblait tellement au portrait-robot qu'il était évident que ce n'était pas lui.

La morte nous attendait patiemment sur les lieux de l'accident...

Sa signature illisible permit de l'identifier rapidement...

Licencié pour faute grave, il était venu porter plainte pour toucher les Assedic.

Il déchira la contravention comme un dément en nous agonisant de promesses d'enculage...

Son adresse avait changé même si c'était exactement la même...

Pour souffler dans l'alcootest, il ne lui manquait que la bouche...

Il dépassait la vitesse autorisée de 0, 8 gramme.

Nous avions repéré son manège depuis la veille du lendemain.

Ses affirmations ne nous ont pas convaincus puisqu'il était noir.

Nous avons alors menacé cette femme de prison, à quoi elle nous a répondu qu'elle « préférait passer le restant de sa vie en taule qu'avec le sale connard qui lui servait de mari ».

Il pénétra le commissariat et tous ceux qui se trouvaient là...

Le cambrioleur avait dissimulé maladroitement son butin (une commode Louis XV et un vaisselier du XVIIIe) sous son anorak.

Le suspect avait surtout le tort de toujours avoir raison.

Le commissaire GALON est élevé au grade de directeur général des polices urbaines des Hautes-Pyrénées.

A ces accusations, nous avons répondu qu'il n'y avait pas de raison que les policiers soient plus bêtes que les gendarmes...

Il tenta alors de nous acheter moyennant quelques gâteries...

Au bout de trois heures d'interrogatoire, l'individu finit par avouer qu'il était noir.

Nous avons verbalisé pour tuer le temps avant l'arrivée des secours.

Le carrefour était si petit que même un agent n'y tenait pas...

Dès qu'il s'était relevé, l'inspecteur avait été relevé de ses fonctions.

Tout nu, l'homme réglait la circulation en imitant les gestes ridicules de la police.

Éleveur de son état, l'homme nous traita naturellement de « poulets » !

Le feu vert était bien rouge quand il le franchit…

Pour nous impressionner, il arrêta de respirer pendant plus d'une heure…

Quand on lui a passé les menottes, l'homme nous a traités de « Starsky et Hutch » avec l'intention de nous nuire.

La voiture était aussi déglinguée que son conducteur...

Le conducteur avait refusé la priorité sans savoir qu'il était prioritaire...

Acceptant enfin de passer des aveux, la femme demanda un prêtre...

Déjà arrêté pour divers délits mineurs (viols, tentatives de meurtres, coups et blessures...), le gitan eut le culot de nous demander son chemin.

Entré dans la police sous un faux nom, il y travaillera 13 ans.

Après les sommations d'usage, nous avons été obligés de l'abattre sans sommations.

L'homme nous racontait tous ses larcins sans s'apercevoir que nous étions des policiers en uniforme.

Le suspect a tenté de renverser son café dans la machine à écrire de l'inspecteur pour échapper à la prison.

La balle responsable de la mort a tourbillonné dans le corps en cherchant tous les organes vitaux.

CHAPITRE 13

E.D.F. et G.D.F.

L'électricité, ce n'est pas que de la lumière...

Nos appareils sont tous brevetés SGDG, c'est-à-dire qu'ils sont garantis par le gouvernement.

Pour la coupure d'électricité, nous ne sommes pas au courant...

Le service ne sera interrompu que s'il ne peut pas continuer...

Tous les personnels absents ont répondu présent à cet appel d'urgence.

De fortes émanations d'électricité empuantissaient la maison...

La coupure pour les usagers sera de courte durée : de 8 à 9 mois.

Il semblait que le compteur avait été sérieusement violé !

Albert DUCOURANT, chef de bureau à l'EDF.

(La Voix du Nord)

Dès que la température passe en dessous de - 900°, le démarrage est automatique.

Asphyxié par une fuite d'électricté, il s'en est tiré de justesse.

Le prélèvement automatique ne se fait pas automatiquement...

Grâce à un branchement pirate, le couple suçait ses voisins du matin au soir depuis deux ans.

Électricité de France, véritable usine à gaz...

EDF produit l'électricité la moins chère parmi celles qui ont le coût le plus élevé.

La visite médicale des agents EDF a dû être interrompue faute de courant.

Ces coupures de courant à répétition n'ont eu aucune influence sur la distribution du courant.

Il s'agissait d'un vieux compteur bleu tout noir.

La rupture d'un câble électrique a mis le feu à cette grange qui ne faisait pourtant pas partie des abonnés EDF.

L'ouverture du marché de l'électricité provoquera des fermetures.

Le calcul est établi sur la base d'une année de 13 mois...

Les tarifs dégressifs à la hausse !

Nous ne sommes pas responsables de toute la pourriture que vous avez dans votre congélateur !

L'énergie produite par les centrales nucléaires n'est pas vraiment radioactive...

La vieille dame fonctionnait encore au 110...

Des coupures de courant auront lieu sur le réseau alimentant en énergie électrique le chemin des Petites-Pannes.

Le courant sortait des câbles pour se promener librement dans les murs...

Mortellement touché par l'électrocution, l'ouvrier s'est éteint peu après...

Nos compteurs comptent sûrement mieux que vous !

La comptabilité de la menuiserie avait réglé sa facture avec un chèque en bois...

Toutes les ampoules ont pété comme un seul homme...

L'installation étant enfin au point, il suffisait d'allumer pour éteindre.

L'installation électrique datait du 15ème siècle et s'est révélée hors normes...

Bizarrement, le court-circuit avait coupé le circuit...

Vous nous parlez d'une consommation de 160 kilos d'électricité : pouvons-nous savoir comment vous l'avez pesée ?

Trop puissante, la clôture électrique faisait allègrement danser les vaches...

L'homme fabriquait lui-même son courant qu'il revendait au marché noir...

Les travaux de réfection du réseau ont pour but de rendre impossible toute fourniture aux usagers.

Vous ne nous ferez pas croire que votre compteur GDF a lui aussi été saisi par les huissiers !

Ces éclaircissements apportent une lumière nouvelle sur les problèmes d'EDF...

Il avait branché par erreur sa ligne téléphonique sur le 220, ce qui lui fut fatal...

Une crevure avait endommagé le tuyau...

Quand il appuya sur le disjoncteur, il eut droit gratuitement à un véritable feu d'artifice.

CHAPITRE 14

La Poste et France Telecom

Le bureau est ouvert toute la semaine mais du mardi au jeudi.

Tous les colis supérieurs à 5 kilos ne doivent pas dépasser 5 kilos.

Le cachet de la poste faisant foi, votre lettre n'a jamais été postée.

Un timbre spécial Saint Valentin a été émis pour les amoureux de la Poste.

Veuillez patienter au guichet n° 2 pour le guichet n° 1.

La taxe d'affranchissement à payer est calculée en fonction de la taxe d'affranchissement.

Tout le courrier déposé avant 16 h est expédié le jour même dès le lendemain.

Écrivez lisiblement le nom du destinataire avant d'emballer celui-ci.

On reconnaît le facteur à sa voiture jaune comme lui.

Pour les timbres, merci de vous adresser aux timbres.

Les 35 heures permettront donc d'atteindre les 29 heures de travail.

Les timbres spécial Coupe du monde sont disponibles dès aujourd'hui à nos guichets. Veuillez nous excuser de cette rupture d'approvisionnement.

Dans le cas de colis volumineux, l'emballage ne doit pas être plus petit que l'objet à emballer.

Les syndicats ont déposé un préavis de grève qui laisse présager à un arrêt de travail.

Dans ces pays-là, le courrier est acheminé au rythme lent de la nature et des hommes...

Toute demande écrite doit être adressée par écrit.

Merci de ne pas voler les stylos-bille qui servent à apprendre à écrire aux préposés.

Pour les recommandés, le préposé n'est pas obligé de demander une signature au destinataire si celui-ci est absent.

Ce guichet est ouvert sans interruption de : 10 h à 10 h 05.

Ne pas utiliser la photocopieuse pour copier des paquets trop volumineux.

L'augmentation des tarifs prendra effet dès le 15 octobre — et ce dès le 1er octobre.

Pour les lettres, les timbres doivent être collés à l'extérieur de l'enveloppe.

Nous vous remercions d'attendre votre tour dans la fille.

Le facteur se nourrissait du courrier de tout le village…

Le conseiller financier ne reçoit plus les reçus.

En cas d'absence prolongée du facteur, s'adresser à sa femme qui vous le retrouvera.

Le courrier ne sera plus distribué aux personnes qui ne veulent pas se mettre dans des boîtes.

Le bureau de poste sera désormais fermé le samedi dès 6 h du matin.

Si votre lettre a bien été postée ce jour-là, elle a peut-être une chance d'arriver...

L'agent de comptoir était encore au bistrot...

Votre plainte concernant la perte de cet envoi recommandé ne peut pas être recevable puisque vous n'avez pas été en mesure de nous prouver que nous l'avions perdu.

La réduction de 10 % sera effective dès le début de l'année. A noter qu'elle ne diminue en rien le prix de vente.

Les TGV de la Poste (couleur jaune) n'envoient pas de passagers.

Merci de ne pas affranchir les facteurs.

Des enveloppes pré-timbrées existent maintenant pour les clients qui n'aiment pas lécher.

Le facteur avait garé sa mobylette devant le commissariat, ce qui explique le vol de l'engin...

Il est recommandé de recommander ces envois.

Avant de nous accuser, montrez-nous votre accusé...

L'argent de Mme LEFRIC n'a pas porté chance aux agresseurs des Chèques postaux.

(Le Courrier de l'Ouest)

S'il n'y a pas assez de cases pour écrire tout le texte de votre télégramme, soyez plus bref.

Merci de ne pas déposer de courrier dans les boîtes aux lettres.

Le coup d'envoi du Mondial a été donné par un timbre rond...

La photocopieuse réservée au public est interdite aux usagers.

Nous garantissons un délai de livraison de 48 h maximum pour ces colis dont l'acheminement ne peut excéder 5 jours.

La femme essayait vainement de rentrer dans la boîte avec son colis...

Il collait ses timbres à l'envers, face contre terre...

Il convient de remplir les colis avant de les envoyer.

Les mandats télégraphiques sont réglés en espèces tout à fait liquides.

Cet appel gratuit est facturé 4,30 F.

Mis en service restreint, l'abonné nous télégraphia des injures.

Les intiales T.I.P. (titre interbancaire de paiement) signifient Relevé d'Identité Bancaire.

Montant de votre facture hors taxes : 609,10 F.
Montant total de la T.V.A. : 238 457, 69 F.
Montant total facture T.T.C. : O F.

Liste d'admission à l'École nationale des télécommunications : ALLO Jacques.
(Journal officiel)

Votre abonnement Telecom couvre une période de 2 mois, soit 365 jours.

Pour l'étranger, ne pas écrire France.

Si vous cherchez l'Écureuil, il est à la Caisse d'épargne.

Le responsable CGT refuse d'acheminer le courrier de la CFDT…

Personne ne sait pourquoi la couleur jaune symbolise depuis toujours la Poste qui pourrait aussi bien être rouge ou verte…

Il est interdit de séjourner plus de 8 heures dans la cabine téléphonique.

Ces deux sacs postaux ont manifestement été distribués par erreur dans des lieux inconnus de tous…

Le signal d'appel est fort utile aux abonnés qui veulent qu'on leur signale les appels...

L'agent indélicat a été immédiatement licencié, c'est-à-dire muté dans un autre service...

Les appels vers d'autres mobiles sont gratuits à moins qu'ils soient facturés.

La mise en service de ces lignes interviendra sous huitaine, soit avant le : 22 janvier 2024.

20 000 + 9 000 unités font donc bien 54 000 unités !

La liste rouge permet de ne pas être reconnu au téléphone...

L'expression « zone de voisinage » ne veut pas dire que vous pouvez appeler seulement vos voisins les plus proches...

Des plaisantins avaient branché la ligne du presbytère sur une messagerie érotique...

Merci de ne pas utiliser le Minitel pour faire vos besoins.

Le service des renseignements (12) ne donne ni l'heure ni la météo.

L'abonné avait habilement bricolé sa voisine...

Les initiales FAX veulent dire Télécopie...

L'usine utilisait 14 lignes et avait une facture de près de 160 000 F alors qu'elle était fermée depuis la fin des années 70.

Il nous avait téléphoné en poste restante...

Sa ligne étant coupée, l'abonné nous inondait d'appels...

Il piratait la ligne de ses voisins et se retrouvait souvent à discuter avec eux en même temps...

France Telecom : affaire suivie par Mme COUPEZ.

CHAPITRE 15

Nos maires et nos élus locaux

Cet établissement psychiatrique est bien entendu réservé aux fonctionnaires.

M. Jean ARRACHEPIED, très ému, a reçu des mains de M. Lestrade la récompense méritée pour 45 années de travail.

La question se pose d'avoir à poser la question...

Le maire ne répond plus des dépenses inconsidérées faites par l'État...

Le monument aux morts s'est éteint...

L'agriculture n'est pas une vache à lait !

Le ministre s'était fait représenter pour inaugurer en personne le bâtiment...

La mission de la cantine scolaire reste avant tout de servir des repas mangeables...

La kermesse au profit de nos vieux n'a malheureusement réuni que les pensionnaires de l'hospice...

Il s'agit d'un banquet où l'on pourra manger des vieux...

Malgré ses escroqueries, tout le village appréciait cette femme à la moralité parfaite.

La mairie s'était alarmée de ces 12 mètres cube d'électricité...

M. NOURRISSON, directeur de la coopérative laitière, quitte Saint-Denis-d'Angerons.

(Paris-Normandie)

La toiture de l'église avait attendu la fin de l'office pour s'effondrer…

Dans l'assistance, on remarquait la présence de nombreux absents.

Le cortège funéraire emprunta lentement la rue principale avant de mettre les gaz à fond pour rattraper le temps perdu.

La station service sera divisée en deux : d'un côté la station, de l'autre le service.

A l'occasion de la fête du boudin, grande collecte de sang…

Les obsèques furent inhumées après la cérémonie religieuse.

Le Nouvel An est reporté à une date ultérieure.

Les moins de 18 ans sont invités à faire savoir s'ils sont majeurs.

Le discours fut très applaudi par l'orateur lui-même.

Arrêté préfectoral concernant la commune de SERQUEUX, signé, pour le préfet et par délégation, le chef de bureau : Odile LABITTE.

(Paris-Normandie)

Le ramassage des ordures ménagères n'aura plus lieu le jeudi, mais dorénavant le jeudi.

Hélas, un violent orage empêcha la pluie de tomber…

La mairie ne met plus de tampons aux jeunes filles...

Un avis aux habitants de Saint-Rémy-sur-Avre intitulé : « Soyez propres ! », signé : le maire, R. SALOT.

Mme Paulette LABATTUT, battue avec 40,4 % des voix.

Les machines à laver ont gagné la guerre contre le lavoir municipal.

Faute de ballon, le match a dû être reporté...

Les deux chiens ont été aperçus en train de divaguer avec le maire...

Pour franchir le pont, il faudra donc provisoirement marcher dans l'eau.

Au programme du club sportif : le rempaillage de vos chaises.

Les urnes étaient trop bourrées pour que l'élection soit valable…

Ancien combattant lui-même, il attendit sa mort pour raconter avec émotion sa guerre dans les tranchées.

M. GAZON informe que, dimanche dernier, l'arbitre a failli annuler le match prévu parce que la pelouse n'avait pas été tondue.

(L'Aigle-Dimanche)

Après enquête, on a pu conclure que toutes ces bouses de vache ne venaient pas des habitants.

Cette grande foire annuelle qui a lieu tous les trimestres…

M. LERAT, chargé de la dératisation…

M. ÉLU, élu avec 18 voix de majorité. Cette élection ayant été invalidée, M. ÉLU ne sera pas réélu.

Le Noël des enfants est réservé aux parents.

Organisée par le syndicat d'initiative, grande branlette collective.

Le préfet s'était déplacé lui-même malgré son absence remarquée…

Dès midi, grand son et lumières en nocturne…

Cette quête qui a permis de réunir environ 250 F permettra la construction de 8 nouveaux logements sociaux.

Ambiance solennelle et recueillie pour ce troisième concours de « Miss seins nus »...

Sur 10 votants, 9 pour et 61 contre...

Le maire félicita les mariés avant d'aller se coucher avec eux...

Il a été surpris en train de faire ses besoins dans la femme du maire.

Il fut accueilli en grande pompe par le comité d'accueil qui n'avait malheureusement pas pu être réuni.

Par arrêté municipal, il est formellement interdit.
Signé : Le maire.

L'ouverture de la chasse permit à chacun de tirer son coup...

La galette du troisième âge était rancie...

Si elle n'était pas restée accrochée, la cloche aurait pu se décrocher...

Monsieur LAPERRUQUE, conseiller général du Tarn, demande que les jockeys portent des cheveux courts.

Le crépi de la mairie était tout décrépi...

Les candidats sont priés de s'inscire à la mairie où le secrétaire distribuera son sexe à tout le monde…

A la grande joie des enfants, les fêtes du 14 Juillet virent l'arrivée très applaudie du Père Noël.

Tout le monde reconnut le maire sous ce déguisement de Père Noël ridicule…

La sanisette faisait la grève du zèle…

Trop d'animaux domestiques ne sont même pas domestiqués…

Vendredi 31 mai, cinq mères de famille étaient reçues à l'hôtel de ville et recevaient la médaille de bronze de la Famille française, dont Mme EL BÈZE.

(Montrouge Magazine)

Les trottoirs seront refaits dans un matériau plus noble que le plastique…

Les dégâts sont considérables mais relativement mineurs…

L'eau courante courait partout dans les sous-sols…

Les permis de pêche sont délivrés chez M. LATRUITE…

Ambiance torride malgré le gel…

A l'occasion de cette disparition tragique, le maire présente toutes ses félicitations…

La discothèque devra donc fermer ses portes dès 22 h...

Interdiction des feux d'artifices et autres animaux domestiques.

Le budget est adopté à l'unanimité des absents...

L'équipe du football-club de Nogent remporte le Mondial !

Le ski nautique est interdit sur la route.

Exploitation d'une porcherie mixte : M. SALOPPE, commissaire-enquêteur, se tiendra à la mairie...

(La Voix du Nord)

Les habitants du cimetière sont priés de déposer leurs ordures à la sortie.

Les maires des deux communes, J.M. GROS et Léopold MAIGRE, ne parviennent pas à accorder leurs violons.

(Le Provençal)

L'heure indiquée à la pendule de la mairie doit être relativisée...

Les chiens doivent obligatoirement arrêter d'aboyer à partir de 22 heures.

La distribution d'eau est réservée à ceux qui ont des robinets...

La circulation des voitures n'est autorisée qu'à pied.

Le flashage de cet ouvrage
*a été réalisé par l'***Imprimerie Bussière**
l'impression et le brochage ont été effectués
sur presse Cameron dans les ateliers
de **Bussière Camedan Imprimeries**
à Saint-Amand-Montrond (Cher),
pour le compte des Éditions Albin Michel.

Achevé d'imprimer en mars 1999.
N° d'édition : 17839. N° d'impression : 990954/4.
Dépôt légal : mars 1999.